Cynnwys

Y Bore Bach

Mae DJs yr adar
yn cymysgu'r bîts
a'r bas yn pwmpio
drwy fy shîts
yn y bore bach,
yn y bore bore bach.

Mae llenni fy llygaid
yn agor i'r byd
a sinema'r dydd
yn lliwiau i gyd
yn y bore bach,
yn y bore bore bach.

Cawod fel Niagra
o 'nghorun i 'nhraed
yn deffro Vesuvius
o folcano drwy'r gwaed
yn y bore bach,
yn y bore bore bach.

4

Rwy'n gweld fy mrecwast
drwy ganghennau'r coed,
rwy'n barod i hela
mor ysgafn droed
yn y bore bach,
yn y bore bore bach.

Helô i bawb o bobl y byd,
dwi 'di deffro yn gyffro i gyd:
rwy'n teimlo ar fy ngore
a dwi'n barod yn y bore,
yn y bore bach,
yn y bore bore bach.

Nain

Mae Nain yn hymian o hyd –
yn hymian bas hip-hop
sydd i'w glywed ar y stryd.

Mae Nain yn fêts ag Eminem –
maen nhw'n hoff o ganfod *samples*
wrth wrando ar Classic FM.

Mae Nain wrthi'n drymio nawr –
yn drymio tra bod y twrw
yn taranu drwy'r llawr.

Mae Nain yn gwneud jam neis –
y jam mwyaf blasus
sy'n goron i'w phwdin reis.

Mae Nain a'i chwmni yn wên –
a'r wên yn ddireidus
uwch cnec wnaeth sŵn fel trên!

Mae Nain yn feistres domino –
gosoda filoedd drwy'r tŷ
cyn bloeddio, 'Jeronimo!'

Mae Nain yn chwyrnu, mae'n hwyr –
ond nid aeth hi i gysgu
hyd nes clywed chwyrnu ei hŵyr.

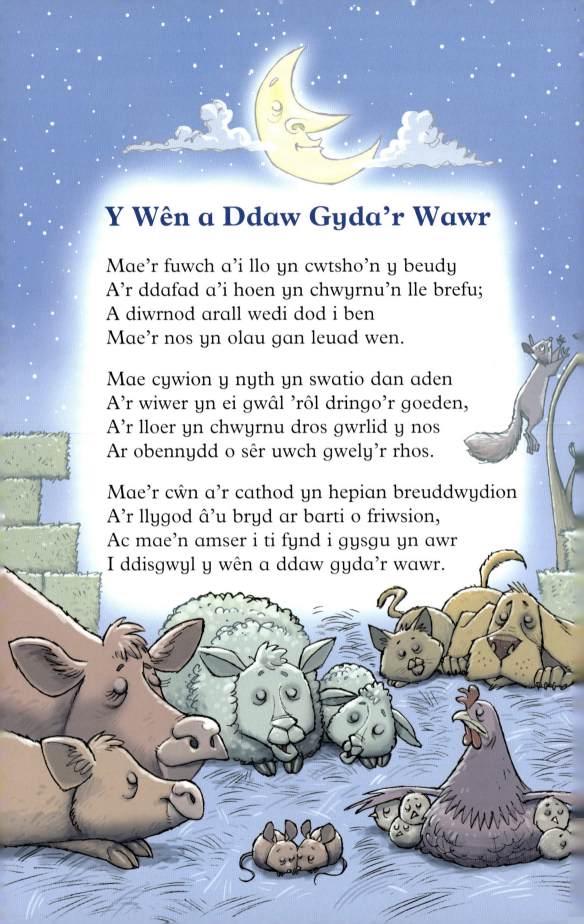

Y Wên a Ddaw Gyda'r Wawr

Mae'r fuwch a'i llo yn cwtsho'n y beudy
A'r ddafad a'i hoen yn chwyrnu'n lle brefu;
A diwrnod arall wedi dod i ben
Mae'r nos yn olau gan leuad wen.

Mae cywion y nyth yn swatio dan aden
A'r wiwer yn ei gwâl 'rôl dringo'r goeden,
A'r lloer yn chwyrnu dros gwrlid y nos
Ar obennydd o sêr uwch gwely'r rhos.

Mae'r cŵn a'r cathod yn hepian breuddwydion
A'r llygod â'u bryd ar barti o friwsion,
Ac mae'n amser i ti fynd i gysgu yn awr
I ddisgwyl y wên a ddaw gyda'r wawr.

Mr Cadno

Chwilio, chwilio, chwilio,
Dyna wna Mr Cadno,
Chwilio ar draws y caeau,
Chwilio ar hyd y cloddiau.

Chwilio, chwilio, chwilio,
Dyna wna Mr Cadno,
Chwilio tu ôl i'r biniau,
Chwilio tu ôl i'r siopau.

Chwilio, chwilio, chwilio,
Dyna wna Mr Cadno,
Chwilio ar hyd y strydoedd,
Chwilio drwy'r holl gymoedd.

Chwilio, chwilio, chwilio,
Dyna wna Mr Cadno,
Chwilio ym mhobman am ffrindiau,
Chwilio am ffrindiau i chwarae.

Y Fôr-forwyn ar y Graig

Ro'n i'n bysgotwr tlawd yn ceisio saig,
yn gaeth i fy rhwydi
mewn môr o dlodi,
yna fe'i gwelais, do wir, fe'i gwelais:
y fôr-forwyn ar y graig,
y fôr-forwyn ar y graig.

Roedd ei choesau yn un fel tafod draig
a'i gwallt o wymon
mor ddel dan goron;
yna ces gusan, do fe ges gusan
y fôr-forwyn ar y graig,
y fôr-forwyn ar y graig.

Ac er ei bod hithau yn brin ei Chymraeg
roedd y sgyrsiau'n ddifyr
a'r môr fel gwydyr,
canai ei llygaid, swynai ei llygaid,
y fôr-forwyn ar y graig,
y fôr-forwyn ar y graig.

Fe'i gwahoddais i'r tŷ i'w gwneud hi'n wraig,
roedd fy mryd ar briodi
a rhoi'r cyfan iddi.
Ond estron yw'r tir, fy mymryn o dir,
i'r fôr-forwyn ar y graig,
y fôr-forwyn ar y graig.

Byth wedi hynny ar donnau yr aig
fe dreuliwn i'r oriau
am weddill fy nyddiau
yn chwilio o hyd, chwilio drwy'r byd . . .
y fôr-forwyn ar y graig,
y fôr-forwyn ar y graig.

Dad

Mae Dad yn rhy dew
i wisgo ei sanau –
mae'n ynys â glannau
â bol fel y Bannau,
mae Dad yn rhy dew!

Mae Dad yn rhy dwp
i ddeall fy ap
nac i ddeall fy rap
na darllen y map,
mae Dad yn rhy dwp!

Mae Dad yn rhy dal
i ddod mewn i'r den,
mae'n bwrw ei ben
bob tro ar y pren,
mae Dad yn rhy dal!

Mae Dad yn rhy daer
i beidio dweud wrth Mam
na pheidio gofyn pam
na pheidio rhannu'r jam,
mae Dad yn rhy daer!

Mae Dad yn rhy dwt
i beintio â'i ddwylo –
o weld mès mae'n wylo
a'r hwfer mae'n anwylo,
mae Dad yn rhy dwt!

Mae Dad weithiau'n cŵl –
mae ganddo'r holl ffeithiau
wrth fynd ar ein teithiau.
Weithiau, dim ond weithiau,
mae Dad mor cŵl!

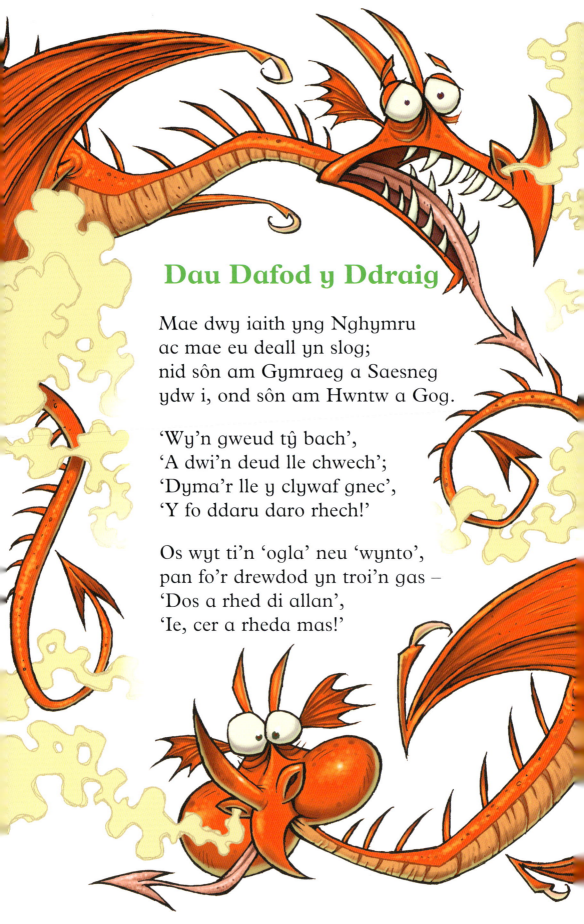

Dau Dafod y Ddraig

Mae dwy iaith yng Nghymru
ac mae eu deall yn slog;
nid sôn am Gymraeg a Saesneg
ydw i, ond sôn am Hwntw a Gog.

'Wy'n gweud tŷ bach',
'A dwi'n deud lle chwech';
'Dyma'r lle y clywaf gnec',
'Y fo ddaru daro rhech!'

Os wyt ti'n 'ogla' neu 'wynto',
pan fo'r drewdod yn troi'n gas –
'Dos a rhed di allan',
'Ie, cer a rheda mas!'

'Caria mla'n lan y tyle',
'Dos yn dy flaen i fyny'r allt',
achos pan fydd angen dianc
mae pawb yn siŵr o ddeall, a dallt!

Oes, mae dwy iaith yng Nghymru
ond pan ddaw hi i fod mewn bog,
peidiwch becso na phoeni o gwbwl,
bydd awyr iach rhwng Hwntw a Gog!

Y Moddion Gorau

Pan fo dy fochau'n goch
a'th dalcen ar dân
a thithau'n methu cysgu
ar hyd yr oriau mân . . .

Pan fo dy fol yn troi
fel peiriant golchi gwyllt,
pan fo dy ben mewn poen
yn bangio fel sŵn dryll . . .

Daw Mam a Dad i dendio
ag enfys yn eu twtsh,
a gwell nag unrhyw foddion
fydd y lliwiau yn eu cwtsh.

Tad-cu

Does 'na neb cweit fel Tad-cu,
gall gnecu tra mae'n chwyrnu!

Does 'na neb cweit fel Tad-cu
am chwerthin fel 'tae'n tagu.

Does 'na neb cweit fel Tad-cu,
gall ddawnsio tra mae'n canu.

Does 'na neb cweit fel Tad-cu
am geryddu'r teledu.

Does 'na neb cweit fel Tad-cu,
morthwylia dan chwibanu.

Does 'na neb cweit fel Tad-cu,
gall droi heddiw'n yfory.

O'r holl bobl yn fy nheulu,
does 'na neb cweit fel Tad-cu!

Tre'r Trychfilod

Mae'n brysur o hyd yn nhre'r trychfilod
rhwng morgrug, corrod a sawl pilipala
mewn byd mor fach sy'n fawr ei ryfeddod.

Dan ddeilen ar lawr mae trin a thrafod
rhwng neidr gantroed a buwch goch gota,
mae'n brysur bob dydd yn nhre'r trychfilod.

Rhaid gochel rhag y broga a'i dafod
sy'n hir, hir fel gwialen bysgota
mewn byd mor fach sy'n fawr ei ryfeddod.

Unwaith bob blwyddyn mae 'na eisteddfod,
rhaid paratoi'r cerddi a'r gymanfa,
mae'n brysur bob dydd yn nhre'r trychfilod.

Mae traed plant bach fel traed eliffantod,
cryna'r hen goedwig o dan y dyrfa
mewn byd mor fach sy'n fawr ei ryfeddod.

Pan alwi di draw fe gei di syndod,
gam wrth gam, troedia'n ofalus, cofia . . .
mae'n brysur bob dydd yn nhre'r trychfilod
mewn byd mor fach sy'n fawr ei ryfeddod.

Pwy sy'n rhoi anrheg i Siôn Corn?

Drwy'r flwyddyn mae'n brysur â'i ffrindiau bach
Yn canfod anrhegion i'w rhoi yn ei sach
Heb gwyno byth fod y gwaith yn strach,
Ond pwy sy'n rhoi anrheg i Siôn Corn?

Ym Mhegwn y Gogledd mewn oerfel mae'n byw
A'i wlad o dan eira, a'i farf o'r un lliw,
Gan fwrw 'mlaen â'r gwaith heb na siw na miw,
Ond pwy sy'n rhoi anrheg i Siôn Corn?

20

Mae'n torri ei galon wrth glywed am blant drwg
Ac yn torri'r rheolau wrth fynd lawr simdde'n llawn mwg!
Ond ni welwch fyth ar ei wyneb yr un gwg,
Felly pwy, dwedwch pwy, sy'n rhoi anrheg i Siôn Corn?

Tro nesa daw'r 'Dolig a'i dinsel a'i hud,
Cyn i chi gysgu yn eich gwely bach clyd,
Gadewch fwy na mins pei a sieri bach drud
Yn anrheg i Siôn Corn gan holl blant y byd.

Mam

'Bore da, Mam, be ga i i'w yfed?'
'Bore da, bach. 'Co baned.'

'Mam, ble mae fy nhywel?'
'Draw yn y gornel.'

'A fy mrwsh dannedd pinc?'
'Uwchben y sinc.'

'Mam! Fy ngwisg ysgol?'
'Yn y lle arferol.'

'Dwi 'di gorffen brecwast!'
'Wel, am lanast!'

'Mam, ble mae fy sgidie?'
'O dan y grisie.'

'Na! Y sgidie bach tlws.'
'O flaen y drws.'

'Iawn, cer i ddal y bws.'
'Mam! Ble mae fy sws?'

'Mwwwwa!
Ta-ta!'

Cylchoedd

Cardfwrdd, caniau,
dillad, gwydrau,
sothach, amlenni,
plastig, poteli
a phapurau newydd
ein bywyd ni beunydd,

oll yn cael eu rhoi
er mwyn cael eu troi'n

gardfwrdd, caniau,
dillad, gwydrau,
sothach, amlenni,
plastig, poteli
a phapurau newydd;
heb air o gelwydd.

Y Llew Glewaf

Myfi ydyw Brenin y Jwngwl,
Yn fy nheyrnas nid oes trwbwl
Na chwaith, fel arfer, gwmwl.

Yn hir, mwythir fy mawrfwng,
Nid wyf fyth ar fy nghythlwng,
Mae bwyd rhag pob argyfwng.

Ni feiddia neb fy herio,
Gŵyr pawb fy mod i'n ddiguro,
Cryna'r byd wrth i'm ruo.

O dan goron o gryfder
Gallaf deyrnasu'n ddibryder,
Rwy'n llew sy'n llew a hanner!

Ond heddiw, mae yna ddraenen
Sydd yn sownd yn fy mhawen . . .

O Mam fach, dwi dy angen!

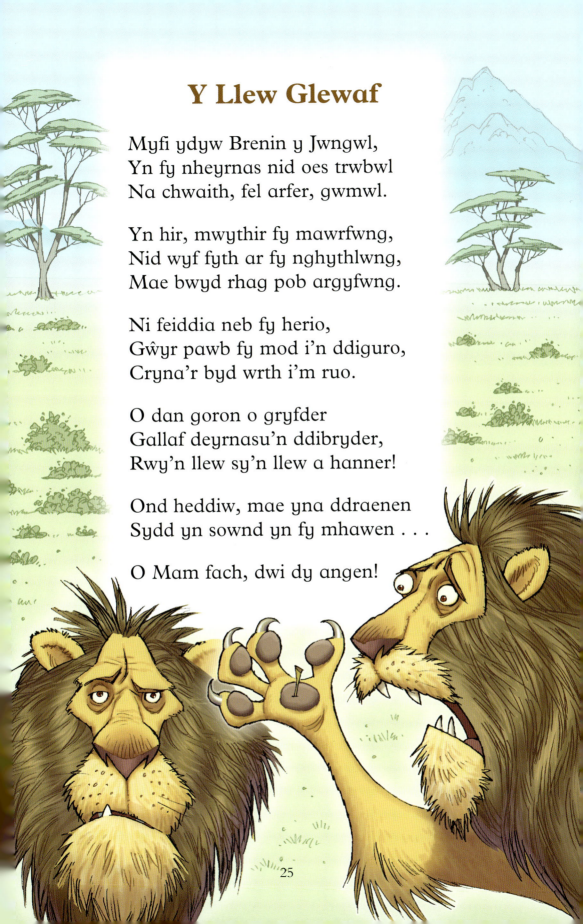

Yr Hen Famp Blin

Mewn castell tywyll
di-liw a di-lun,
heb gwmni neb
o deulu dyn,
mae'r hen famp blin.

Melltithio'r tywydd,
'O, mor llwm yw'r hin',
a wna bob nos
wrth fynd yn hŷn,
yr hen famp blin.

Aros am e-bost
gan wylio ei sgrin,
aros o hyd
ar ei ben ei hun
wna'r hen famp blin.

Treigla'r tymhorau,
dawnsia'r dail yn grin,
hiraetha am waed
sy'n goch fel gwin,
yr hen famp blin.

Ond yn fwy na'r gwaed
sy'n goch fel gwin,
hiraetha'r famp
am gyfaill cytûn,
yr hen famp blin.

Poen Dant
yw Pen y Daith

'Ydyn ni yna eto?'
'Nac ydyn.'
'Ydyn ni yna eto?'
'Nac ydyn!'
'Ydyn ni yna eto?'
'Dy'n ni ond megis cychwyn.'
'Ydyn ni yna eto?'
'Gofyn wedyn . . .'

'Ydyn ni yna eto?'
'Mam, ateba Carwyn.'
'Ydyn ni yna eto?'
'Nag y'n!'
'Ydyn ni yna eto?'
'Ry'n ni'n bell o'r terfyn.'
'Ydyn ni yna etooo?'
'Wy'n colli fy limpin!'
'Ydyn ni yna eto?'
'Wy'n cyrraedd pen fy nhennyn!'
'Ydyn ni yna eto?'
'Oes *rhaid* i ti ofyn?'
'Ydyn ni . . .'
'Ydyn!'

Dim on' hysbysebion sy',
Twel, ar y Tagliatelle!

30

Ni all pwdryn gychwyn gwaith
Heb orffwys gynta'n berffaith!

Sioni Cwsg

Hoff beth Siôn oedd cysgu o hyd,
cysgu drwy'r nos a chysgu mewn ffos,
cysgu'r dydd tra troellai'r byd.

Cysgai ym mhobman, cysgai'n ddi-baid,
cysgai ar lawr, cysgai bob awr,
pan ddeffroai, gwnâi gyda naid!

Cysgai mor sownd gan rochian yn groch,
cysgai fel twrch, un tew o Gwm-twrch!
Rhochian a sochian fel twlc llawn moch.

Ond wrth iddo gysgu, cysgu mor drwm,
ymlaen yr aeth bywyd a'i oddiweddyd,
gan adael Siôn yn teimlo mor llwm
pan ddihunodd.